BEI GRIN MACHT SICH IHR WISSEN BEZAHLT

- Wir veröffentlichen Ihre Hausarbeit,
  Bachelor- und Masterarbeit

- Ihr eigenes eBook und Buch -
  weltweit in allen wichtigen Shops

- Verdienen Sie an jedem Verkauf

Jetzt bei www.GRIN.com hochladen und kostenlos publizieren

Bitcoin. Das Zahlungsmittel der Zukunft?

Jordan Cruse

Bibliografische Information der Deutschen Nationalbibliothek:

Die Deutsche Nationalbibliothek verzeichnet diese Publikation in der Deutschen Nationalbibliografie; detaillierte bibliografische Daten sind im Internet über http://dnb.d-nb.de abrufbar.

ISBN: 9783346988195
Dieses Buch ist auch als E-Book erhältlich.

Bitcoin – Das Zahlungsmittel der Zukunft?

- Studienarbeit im Bereich VWL/Geldtheorie/Finanzwissenschaften

2022

Inhaltsverzeichnis

1. Einleitung

"The one thing that's missing, but that will soon be developed, is a reliable e-cash, a method whereby on the Internet you can transfer funds from A to B, without A knowing B or B knowing A."

Milton Friedman (1999)

Durch die Finanzkrise im Jahr 2008 ist das Vertrauen der Menschen in das Währungssystem, sowie in die dafür verantwortlichen Banken und Zentralbanken deutlich gesunken. Daher war der Andrang nach einer Alternative zum staatlich regulierten Währungssystem, das vollkommen auf die Notwendigkeit einer Bank verzichten kann, sehr groß. Als Lösung dafür bieten sich die seit Jahren immer mehr in den Trend kommenden Kryptowährungen als Heilsbringer an und der US-amerikanische Ökonom Milton Friedman hatte wohl knapp ein Jahrzehnt später mit seiner prophetischen Aussage die Zukunft richtig vorausgesagt. Denn Kryptowährungen sind digital und können einen bargeldlosen Zahlungsverkehr über ein dezentrales und kryptografisches System ermöglichen, ohne dass sich die beiden Tauschakteure dabei kennen müssen. Zudem werden Kryptowährungen weder durch den Staat oder der Bank reguliert, noch kontrolliert und benötigen auch keine Intermediäre, um eine Transaktion durchzuführen.[1] Somit stellen sie eine Art Gegenentwurf zum klassischen Zahlungssystem dar. Allen voran gilt der Bitcoin als der Vorreiter aller Kryptowährungen und erweist sich mit einer Marktkapitalisierung von ca. 838 Mrd. US-Dollar als die größte digitale Währung auf dem Markt.[2] Hinzu kommt, dass das Bitcoin-System die Grundlage für die gesamte Weiterentwicklung von digitalen Währungen ist und es die erste Kryptowährung auf dem Markt war. Zusätzlich zeigt die kritische Auseinandersetzung mit Bitcoin seitens der Medien und aufsichtsrechtlichen Behörden die Notwendigkeit für Staaten, Banken und auch Privatpersonen, sich mit der Thematik Bitcoin ernsthaft zu beschäftigen. Auch weil kaum ein anderer Wirtschaftstrend in den letzten fünf Jahren bei der breiten Masse der Bevölkerung für so viel Gesprächsstoff gesorgt hat, wie der Bitcoin und mittlerweile auch große Unternehmen wie Microsoft, Dell und Starbucks die Kryptowährung als Zahlungsmittel akzeptieren.[3] Zudem hat El Salvador als erstes Land der Welt, den Bitcoin im Herbst vergangenen Jahres als gesetzliches Zahlungsmittel eingeführt.[4]

Ziel der vorliegenden Studienarbeit soll es sein, zu untersuchen, inwiefern die Kryptowährung Bitcoin das Potential hat, das Zahlungsmittel der Zukunft zu werden. Dabei werden die Funktionen des traditionellen Geldsystems mit dem Bitcoin verglichen und analysiert, um abschließend feststellen zu können, inwieweit der Bitcoin als Geld zu qualifizieren ist und somit auch als brauchbares Zahlungsmittel im Zahlungsverkehr genutzt werden.

Hierzu wird zunächst auf die Geldtheorie eingegangen und thematisiert, was Geld zuerst einmal ist und welche Voraussetzung es dafür erfüllen muss. Anschließend wird die Kryptowährung Bitcoin und dessen Funktionen und praktische Nutzung vorgestellt. Daraufhin soll untersucht werden, ob die Kryptowährung Bitcoin als Geld definiert werden kann, indem eine Anwendung und Analyse mit den Geldfunktionen durchgeführt wird. Gleichzeitig stellt diese Geldklassifizierung den Schwerpunkt dieser Studienarbeit dar und soll zusätzlich verdeutlichen, welche Chancen und Risiken der Bitcoin vor allem im Zahlungsverkehr, aber auch im Vergleich zu konventionellen Geldeinheiten mit sich

---

[1] Vgl. Sixt, E. (2017), S. 1-3
[2] Vgl. WirtschaftsWoche (2022)
[3] Vgl. Small Business Trends (2021)
[4] Vgl. Eglau, V./ Pfister S (2021)

bringt. Abschließend wird ein Fazit verfasst, das sich mit der Beantwortung der Forschungsfrage beschäftigt und einen kurzen Ausblick auf die Zukunft gibt.

2. Grundlagen der Geldtheorie

Um feststellen zu können, ob die Kryptowährung Bitcoin auch tatsächlich als Geld angesehen werden kann, muss zunächst erst einmal verdeutlicht werden, was Geld überhaupt ist und welche Funktionen es hat. Dieses Kapitel beschäftigt sich somit mit dem Fundament des realen Geldes.

2.1 Geld

Unter Geld wird in der Volkswirtschaftslehre weitestgehend ein „gesetzliches Zahlungsmittel" verstanden. Es wird zudem zwischen der nominalistischen und konventionalistischen Theorie unterschieden, was die Entstehung und den Wert des Geldes betrifft. Nach der nominalistischen Theorie wird Geld durch ein staatliches Gesetz geschaffen, dessen Wert erhalten bleibt. Die konventionalistische Theorie hingegen ist der Ansicht, dass Geld durch eine Vereinbarung zwischen den Menschen entsteht.[5] Wo sich hingegen aber die meisten Ökonomen einig sind, ist, dass Geld erst zu Geld wird, wenn es verschiedene Grundfunktionen erfüllt.[6]

2.2 Geldfunktionen

„Money is what money does"[7]. Das sagte bereits der renommierte britische Ökonom John R. Hicks in seinem Essay zur monetären Theorie und beschreibt Geld somit aus einem funktionalen Standpunkt. Diesbezüglich lässt sich Geld wie vorhin schon angedeutet in drei Grundfunktionen unterteilen. Diese wären die Tauschmittel-/Zahlungsmittel-, Wertaufbewahrungs- und Recheneinheitsfunktion.[8] Dabei stellt die Zahlungsmittelfunktion die wichtigste Funktion dar, da sie gleichzeitig das Definitionsmerkmal von Geld ist.[9]

2.2.1 Tauschmittel- und Zahlungsmittelfunktion

Eine Volkswirtschaft, die ohne Geld funktionieren möchte, wird dies nur durch einen direkten Tausch von Waren realisieren können. Voraussetzung für erfolgreiche Tauschgeschäfte sind, dass je nachdem welche Güter zwischen den beteiligten Akteuren getauscht werden, es ein beidseitiges Interesse und eine gegenseitige Akzeptanz bezüglich der Güter gibt. Diese Naturalwirtschaft, die nur auf Tauschgeschäften beruht, ist infolgedessen intrinsisch gehemmt und agiert sehr eingeschränkt. Denn beide Tauschpartner müssten bei diesem Prozess genau das Gut produzieren und anbieten, welches der andere zur Bedürfnisbefriedigung benötigt. Erst die Abhilfe von Geld ermöglicht es jedoch, diesen Prozess in zwei Teilschritten zu zerlegen. Dabei wird zunächst ein bestimmtes Gut oder eine Ware gegen ein vorher festgelegten Geldbetrag eingetauscht. Danach kann mit der erworbenen Geldsumme, die tatsächlich gewünschte Ware gekauft werden. Es erfolgt somit ein Ersatz des direkten Tausches „Ware gegen Ware" zu einem indirekten Tausch „Ware gegen Geld gegen Ware". Dadurch erleichtert Geld diesen Handel, da jede beliebige Ware gegen Geld getauscht werden kann und es viel bequemer ist mit Geld zu zahlen, anstatt mit Waren, die schlecht zu transportieren sind oder dessen Wert für Dritte schwer abzuschätzen ist.[10] Darüber hinaus sorgt das

---

[5] Vgl. Peto, R. (2002), S.14

[6] Vgl. Esenwein-Rothe, I. / Jürgensen, H./ Rose K. (1987), S.353

[7] Hicks, J. (1967), S.1

[8] Vgl. Wildmann, L. (2015), S. 117

[9] Vgl. Basseler, U./ Heinrich, J./ Utecht, B. (2002), S.452

[10] Vgl. Fuhrmann, W. (1994), S. 4-5; Gerdesmeier, D. (2006), S.1

Geld für das Verschwinden der indirekten Tauschketten. Zusätzlich ermöglicht die Tauschmittelfunktion von Geld nicht nur Waren gegen Geld zu kaufen, sondern auch zu verkaufen.[11] Dabei ist es unvermeidbar, dass Geld als allgemeines Tauschmittel von allen Beteiligten akzeptiert werden muss, damit das Geld überhaupt in alle Güter eingetauscht werden kann.[12]

Die Erweiterung der Tauschfunktion ist die Zahlungsmittelfunktion, da Geld auch allgemein dafür verwendet werden kann, um reine Finanztransaktionen durchzuführen. Wie zum Beispiel, um Zinszahlungen zu tätigen oder um Schulden zu tilgen. Damit verbunden ist auch die sogenannte „Liquidität", das heißt die jederzeitige Zahlungsbereitschaft gegenüber Forderungen.[13]

2.2.2 Recheneinheitsfunktion

Die zweite Funktion, die Geld erfüllen muss, ist als Rechnungseinheit zu fungieren. Denn dadurch lassen sich erst Güterwerte in einer allgemeinen Bezugsgröße ausdrücken und in Relation zueinander vergleichen.[14] Daher ist es auch erforderlich, dass Geld teilbar ist. Die Einführung von Geld sorgt folglich dafür, dass der Wert von Gütern in einem einzigen Wertmaßstab ausgedrückt wird und durch festgelegte Preise, Werte miteinander verglichen und verrechnet werden können. Dies ist vor allem wichtig, da ansonsten die Austauschrelationen deutlich steigen würden und es keine Transparenz mehr auf dem Markt bezüglich der Preise geben würde.[15] Darüber hinaus wären Preisvergleiche ohne die Rechenmittelfunktion erst gar nicht möglich, was in der heutigen digitalen Welt unvorstellbar wäre.

2.2.3 Wertaufbewahrungsfunktion

Als letzte Grundfunktion muss ein Gut, das als Geld dient, seinen Wert beibehalten und dies über einen längeren Zeitraum. Es sollte diese Funktion sogar sicherer ausüben als jede andere Alternative zur Wertaufbewahrung, wie zum Beispiel Aktien oder Wertpapiere, da Geld in Konkurrenz zu diesen steht.[16] Denn der Zweck der Wertaufbewahrung ist es, die Kaufkraft zu speichern, wodurch es möglich sein soll, Güter zu einem späteren Zeitraum zu erwerben und nicht immer unmittelbar. Folglich sollte es mithilfe des Geldes möglich sein eine Ware zu verkaufen und zu einem späteren Zeitpunkt eine andere zu kaufen, ohne dass sich dabei der Geldwert verändert hat.[17] Geld erfüllt somit eine zeitliche Funktion. Dadurch ist es zusätzlich nicht nur möglich Ersparnisse zu bilden, sondern auch Vermögen aufzubauen. Die Wertspeicherung von Geld ist allerdings auch nur soweit möglich, wenn der Wert des Geldes nicht erheblich sinkt und der Geldwert stabil bleibt. Letzteres ist zudem die wichtigste Aufgabe einer Zentralbank.[18] Im Hinblick auf die Wertaufbewahrungsfunktion sind zudem nur Geldmittel als Wertspeicher geeignet, die sich von der Gegenwart in die Zukunft übertragen lassen. Entscheidend dabei ist auch der reale Wert im Zeitablauf und nicht der nominale Wert einer Geldform.[19]

---

[11] Vgl. Issing, O. (2014), S.1
[12] Vgl. Bontrup, H.-J. (2004), S.437
[13] Vgl. Hartmann, M. (2004), S.11
[14] Vgl. Fuhrmann, W. (1994), S.2-3
[15] Vgl. Rothengatter, W./ Schaffer, A. (2008), S.71
[16] Vgl. Fuhrmann, W. (1994), S.7
[17] Vgl. Wildmann, L. (2015), S. 118
[18] Vgl. Peto, R. (2002), S.18
[19] Vgl. Hartmann, M. (2004), S.12

2.3 Geldeigenschaften

Wie sich anhand der Geldfunktionen ableiten lässt, muss Geld verschiedene Eigenschaften vorweisen, um die Geldfunktionen überhaupt erfüllen zu können. Infolgedessen sollte Geld haltbar, homogen, selten bzw. knapp, teilbar und wertstabil sein.[20]

2.4 Geldformen

Geld hat zudem in den letzten Jahrhunderten verschiedene Erscheinungsformen angenommen. Zu den herkömmlichsten aus heutiger Sicht zählen:

- Bargeld/Papiergeld: Bei Papiergeld handelt es sich um ein Stück Papier, welches ein festes Versprechen in Form einer Schuld darstellt. Es ist somit eine schriftliche Vereinbarung mit einem Zahlungsversprechen.[21] Bargeld besteht neben den Banknoten (Papiergeld) auch aus Münzen, die alle von der Zentralbank herausgegeben werden und als allgemein akzeptiertes Zahlungsmittel fungieren.[22] Wie zum Beispiel ein 10-Euro-Schein oder eine 10-Cent-Münze.

- Buchgeld/Giralgeld: Damit werden Geldforderungen gegenüber einer Bank bezeichnet, die nur in den Kontobüchern des jeweiligen Finanzinstituts verzeichnet sind, z.B. in Form von Guthaben (Sichteinlagen) und über die die Kontoinhaber jederzeit zu Zahlungszwecken Zugriff haben.[23]

- E-Geld: Elektronisches Geld wird nach EU-Richtlinie als monetärer Wert in Form einer Forderung gegen die ausgebende Stelle, das auf einem elektronischen Datenträger (z.B. einem Chip) gespeichert ist, gegen Entgegennahme eines Geldbetrags ausgegeben wird und von anderen Unternehmen als der ausgebenden Stelle als Zahlungsmittel für Zahlungsvorgänge akzeptiert wird, definiert. Zusätzlich darf es nur als Zahlungsmittel dienen und muss durch Dritte akzeptiert bzw. ausgegeben werden.[24] Als Beispiel dafür kann Geld, welches sich auf einem PayPal Konto befindet, genannt werden oder das Benutzen von Prepaid-Kreditkarten.

- Kryptowährungen (digitales Geld): Eine Kryptowährung ist digitales Geld, die in Computernetzwerken geschaffen und genutzt werden und dabei auf Verschlüsselungstechniken basieren, sowie auf dem Einsatz einer dezentralen Datenbank.[25] Kryptowährungen fallen nicht unter der Kategorie E-Geld, da z.B. Bitcoin Transaktionen dezentral ohne Einbeziehung eines Dritten erfolgen und damit auch kein Forderungsanspruch entsteht.[26]

- Warengeld: Warengeld ist ein natürliches Tauschmittel, das zusätzlich zu seinem Tauschwert auch immer einen inneren Wert in Form von der Ware selbst hat, wie zum Beispiel Gold.[27]

---

[20] Vgl. Berentsen, A./ Schär, F. (2017), S.16-17
[21] Vgl. Wildmann, L. (2015), S.122
[22] Vgl. Bauer, H. (2021), S.15
[23] Vgl. Pesch, P.J. (2017), S.73
[24] Vgl. Europäische Union (Hrsg.) (2009), L 267/11
[25] Vgl. Pielke, W. (2018), S.2
[26] Vgl. Sixt, E. (2017), S.120
[27] Vgl. Herger, N. (2015), S.63-64

2.5 Währung

Im Vergleich zum Geld, welches sich anhand seiner Funktionen beschreiben lässt, bezieht sich eine Währung auf eine übergeordnete Struktur des Geldes.[28] Eine Währung beschreibt folglich das gesamte staatlich geregelte Geldwesen eines Landes und ist somit das offiziell gültige und anerkannte Zahlungsmittel innerhalb des Währungsraums. Ein wichtiger und bedeutender Unterschied zu Geld ist, dass Geld einen festen und unveränderlichen Wert besitzt, während sich der Wert einer Währung im Laufe der Zeit verändert.[29]

2.5.1 Fiatwährung

Bei einer Fiatwährung handelt es sich um ein gesetzliches Zahlungsmittel, dass durch die zentralen Behörden des jeweiligen Staates herausgegeben wird. Es ist folglich Geld, bei dem keinerlei Einlöseverpflichtungen gegenüber anderen Währungen oder Rohstoffen wie Gold besteht und dessen Akzeptanz und Vertrauen einzig auf die gesetzlichen Regularien und dem Staat basiert.[30]

Die Entstehung der Fiatwährung ist darauf zurückzuführen, dass das Papiergeld bis in den 1970er Jahren in den meisten Ländern, wie in Deutschland oder den USA, durch eine Goldbindung gedeckt wurde (auch Goldstandard genannt) und damit eine angeknüpfte Verbindlichkeit hatte.[31] Das bedeutete, dass jede Banknote zu einem festen (US-Dollar-)Wechselkurs in Gold eingetauscht werden konnte. Jeder Staat durfte damit auch nur so viele Banknoten drucken, wie es Goldreserven hat. Dadurch sollte vor allem eine Inflation vermieden werden und ein stabiler Geldwert entstehen, sowie für ein international stabiles Zahlungssystem gesorgt werden. Allerdings war die Problematik dabei, dass bei einer Vergrößerung der gesamtwirtschaftlichen Gütermenge oder bei einer Deflation keine Ausweitung der Geldmenge erfolgen konnte, um dem entgegenzuwirken. Zusätzlich häuften sich im Ausland Dollarbestände an, die nicht mehr durch den US-Dollar Goldbestand gedeckt werden konnten, da Gold unter anderem auch begrenzt ist. Aus diesem Grund verkündete US-Präsident Richard Nixon im Jahr 1971, sich schließlich von der Goldbindung zu trennen, wodurch jeder Staat von nun an selbst über das Ausmaß der Geldmenge auf dem Binnenmarkt entscheiden konnte und es dadurch auch seitdem flexible Wechselkurse auf dem Devisenmarkt gibt.[32] Durch den Wegfall dieser Goldbindung bzw. Verbindlichkeit ist das Fiatgeld entstanden, welches weder über ein Fundamentalwert verfügt, noch ein Zahlungsversprechen beinhaltet und aus dem Nichts geschöpft wird. Darunter fallen fast alle Landeswährungen, unter anderem auch der Euro. Die Wertstabilität wird demzufolge nur durch die Zentralbanken garantiert, welche die jeweilige Geleinheiten als Zahlungsmittel herausgeben und den gesetzlichen Auftrag haben, diese stabil zu halten. Infolgedessen sind Fiatwährungen als gesetzliches Zahlungsmittel legitimiert, wodurch sie auch einen rechtlichen Annahmezwang haben.[33] Im Wesentlichen basieren Fiatwährungen, wie der Euro, somit nur auf Vertrauen und sind nichts anderes mehr als bedrucktes Papiergeld ohne inneren Wert. Ihr tatsächlicher Wert wird insofern zugeschrieben, indem Fiatgeld von der Regierung als gesetzliches Zahlungsmittel deklariert wird und Menschen darauf vertrauen und es nutzen.

---

[28] Vgl. Holtemöller, O. (2008), S.25
[29] Vgl. Voshmgir, S. (2020), S.204-206
[30] Vgl. Sixt, E. (2017), S. 52
[31] Vgl. Berentsen, A./ Schär, F. (2017), S.21
[32] Vgl. Sixt, E. (2017), S. 50-51
[33] Vgl. Berentsen, A./ Schär, F. (2017), S.21

3. Die Kryptowährung Bitcoin

In diesem Kapitel soll es um die Kryptowährung Bitcoin gehen. Dabei soll erläutert werden, was Bitcoins sind, wie das Bitcoin Netzwerk weitestgehend funktioniert und wie eine Zahlung in der Anwendung möglich ist. Statt die technische Umsetzung des Bitcoin-Systems umfassend zu beschreiben, soll dabei auch nur auf die aus der technischen Umsetzung resultierenden Eigenschaften, sowie wie auf die Bitcoin-Erzeugung eingegangen werden und dies so einfach und verständlich wie möglich dargestellt werden.

3.1 Geschichtlicher Hintergrund und Definition

„The man with a new idea is a Crank until the idea succeeds"

Mark Twain (1835-1910)

Satoshi Nakamoto war ein solcher Mann mit einer neuen Idee und veröffentlichte im Oktober 2008, inmitten der weltweiten Finanzkrise, ein Konzept, welches es ermöglichen soll, ein elektronisches Zahlungssystem zu erschaffen, das ohne die Kontrolle oder Regulierung einer dritten Partei wie der Bank oder dem Staat auskommen soll.[34] Dieses Konzept betitelte Nakamoto in seiner Veröffentlichung, dessen wahre Identität bis heute nicht geklärt ist, „**Bitcoin**: A Peer-top-Peer Electronic Cash System"[35].

Der Grund für die Entstehung von Bitcoin und anderen Kryptowährungen ist auf die Finanzkrise 2008 zurückzuführen. Denn die Effekte der Krise wirken teilweise noch bis heute und viele Menschen haben aufgrund von riskanten Spekulationen, seitens der großen Banken und dem Platzen der Immobilienblase, all ihre Ersparnisse oder Jobs verloren. Dies führte weltweit zu einem gewaltigen Vertrauensverlust gegenüber den Behörden und Banken, weshalb eine gewisse Unabhängigkeit von diesen Instituten gewünscht war.[36] Satoshi Nakamoto kritisierte am konventionellen Währungssystem genau diesen Umstand, dass den Zentral- und Geschäftsbanken bei Transaktionen oder beim Aufbewahren der eigenen Ersparnisse als Intermediäre vollständig vertraut werden muss. Genau wie es beim Bezahlen im Internet erforderlich ist, sich auf eine dritte Partei zu verlassen, um Zahlungsvorgänge durchführen zu können. Aus diesem Grund hat Nakamoto als Lösung für das Vertrauensproblem ein Online-Zahlungssystem vorgesehen, das auf mathematischen Beweisen und kryptografischer Verschlüsselungstechnik basiert und so den direkten Zahlungstransfer zwischen zwei anonymen Akteuren, sicher und ganz ohne Intermediär ermöglicht.[37] Dies war somit die Geburtsstunde des Bitcoins.

Bitcoins (Abkürzung: BTC) sind digitale Währungs- bzw. Zahlungseinheiten, die weder aus Scheinen oder Münzen bestehen und nur in digitaler Form im Internet existieren und gegen Waren und Dienstleistungen gehandelt werden können. Wie bereits erwähnt sind sie zudem dezentral, was bedeutet, dass der Handel und die Ausgabe weder von einer Bank, noch von einem Staat erfolgt, sondern nur unter allen gleichberechtigten Nutzern (Peer-to-Peer) innerhalb des Bitcoin-Netzwerks abgewickelt werden.[38] Dadurch stellen Kryptwährungen, wie der Bitcoin, aufgrund des Ausschlusses

---

[34] Vgl. Nakamoto, S. (2008), S.1
[35] Nakamoto, S. (2008), S.1
[36] Dazu auch Reifner, U. (2017), S.15-42
[37] Vgl. Nakamoto, S. (2008), S.1-3; Rosenberger, P. (2018), S.16
[38] Vgl. Sander, P. (2017), S.2 und 7

von staatlichen Institutionen, aber auch keine Währung im klassischen Sinne der Geldordnung dar, was jedoch auch nicht ihre Intention war.[39]

Die erste Transaktion mit Bitcoin fand am 12. Januar 2009 statt, indem der Erfinder Satoshi Nakamoto zehn Bitcoins an den Softwareentwickler Hal Finney transferierte.[40] Die erste Transaktion, indem Bitcoin als Zahlungsmittel verwendet wurde, fand hingegen am 18.05.2010 statt. An diesem Tag zahlte der Software-Entwickler Laszlo Hanyecz 10.000 Bitcoins, die damals insgesamt einen Wert von nur 40 US-Dollar hatten, an eine Person, die ihm im Austausch dafür zwei Pizzen bestellt hatte.[41] Diese wären anlässlich der heutigen Bitcoin Preise vermutlich die teuersten Pizzen aller Zeiten.

3.2 Eigenschaften des Bitcoin-Netzwerks

Wie bereits festgehalten wurde basieren Bitcoins auf einem Peer-to-Peer-Netzwerk, welche aus dessen gleichberechtigten Teilnehmern besteht. Diese Teilnehmer verwenden alle eine bestimmte Software, die sogenannte Bitcoin-Client Software, die für jeden frei zugänglich ist (Open-Source Software) und im Januar 2009 vom Bitcoin-Erfinder selbst bereitgestellt wurde.[42] Erst durch diese Software ist es möglich Bitcoins zu transferieren und zu erzeugen, wodurch schlussendlich, die in Nakamotos Whitepaper beschriebenen elektronischen Zahlungen auch möglich sind, da die Software den Zugang zu dem Bitcoin-Netzwerk und dessen Technologie gewährt.[43] Dieses Peer-to-Peer Netzwerk ist zudem dezentralisiert und basiert auf einer von allen Teilnehmern genutzten und verwalteten Datenbank. Innerhalb dieser Datenbank, auch Blockchain genannt, werden alle mit Bitcoin getätigten Transaktionen gespeichert, welche zudem öffentlich und für jeden einsehbar sind, was es somit auch sehr transparent macht. Die Blockchain fungiert dabei wie ein kollektives Buchführungssystem, womit es auch das Verdoppeln oder Fälschen von Bitcoins unmöglich macht. Ein Bitcoin ist folglich ein rein digitaler Wert innerhalb dieses Netzwerks, bestehend aus einer digitalen Zeichenkette. Die Transaktionen finden zudem an pseudonyme Adressen, auch Bitcoin Adressen genannt, statt, welche von den Nutzern in beliebiger Anzahl generiert werden können. Es ist zudem kein Intermediär für die Transaktionen erforderlich, da diese direkt über das Netzwerk zwischen den Teilnehmern erfolgen, weshalb es auch zu keinen Zeitverzögerungen bei den Transaktionen kommt, unabhängig von wo diese getätigt werden. In einem Konsensverfahren bestätigen die Nutzer zudem immer die Gültigkeit und Validität jeder einzelnen Transaktion auf der Blockchain. Um sich vor Cyberangriffen zu schützen und die wahre Identität der Nutzer anonym zu halten, sieht die Bitcoin Software zusätzlich ein asymmetrisches Verschlüsselungssystem für die jeweiligen Transaktionen vor. Anhand des eigenen privaten Schlüssels kann jeder Nutzer jedoch problemlos nachweisen, dass er für die Bitcoins auf den öffentlich einsehbaren Bitcoin-Adressen zugriffsberechtigt ist.[44] Darüber hinaus ermöglicht das Bitcoin-Netzwerk ca. sieben Transaktionen pro Sekunde.[45] Aufgrund der Dezentralität ist es zudem auch nicht möglich, dass eine Bank oder ein Staat einen Einfluss auf dieses Bitcoin-Ökosystem nehmen kann.

---

[39] Vgl. Kenning, P./ Oehler, A./ Reisch, L. (2021), S.395
[40] Vgl. Sixt, E. (2017), S.29
[41] Vgl. Adelmann, Q./ Sheeler, D. (2021), S.52
[42] Vgl. Sixt, E. (2017), S.29
[43] Vgl. auch Rosenberger, P. (2018), S.18
[44] Vgl. Sixt, E. (2017), S.29-31, 10
[45] Vgl. Berentsen, A./ Schär, F. (2017), S.250-251

3.3 Entstehung von Bitcoins im Netzwerk

Die Geld- bzw. Recheneinheiten in dem Bitcoin-Netzwerk werden nicht durch eine zentrale Instanz in Umlauf gebracht, stattdessen werden sie durch dessen Nutzer geschürft und somit erzeugt. Dieser Prozess wird auch als „Mining" bezeichnet. Die Miner sind in diesem Prozess unabhängige Nutzer und nutzen ihre Rechenleistung, um zusätzliche Geldeinheiten zu generieren. Die besondere systemische Eigenschaft liegt darin, dass die Nutzer, die die zusätzlichen Bitcoins in Umlauf bringen, gleichzeitig auch die Transaktionen in diesem Prozess und in dem System durchführen.[46]

Möchte ein Nutzer einem anderen Nutzer Bitcoins überweisen, so versendet die Bitcoin-Software im Hintergrund die Informationen über die Transaktion an alle anderen Nutzer in dem System. Die anderen Nutzer fungieren dabei als Knotenpunkte, die auch Nodes genannt werden. Sie überprüfen und bestätigen die Transaktion und senden die Informationen, welche aus der Adresse des Versenders und des Empfängers bestehen, als auch aus der Höhe des Betrags, an alle weiteren Knotenpunkte. Dadurch breiten sich die Informationen über das gesamte Netzwerk aus bis schließlich alle Nodes davon informiert sind. Die Aufgabe der Miner ist es dann diese Transaktionen zu überwachen und auf ihre Einmaligkeit hin zu überprüfen.[47] Die getätigten Transaktionen werden zudem zu einem Block zusammengefasst und in der Blockchain hinzugefügt, was ebenso von einem Miner durchgeführt wird.[48] Dadurch entsteht alle zehn Minuten ein neuer Block in der Bitcoin-Blockchain, weshalb es auch ungefähr genauso lange dauert, bis eine Transaktion bestätigt wird. Als Anreiz für ihre Arbeit werden die Miner mit zusätzlichen Bitcoins vergütet, wodurch neue Bitcoins in das System gelangen. Die Belohnung, die die Miner erhalten, halbiert sich allerdings alle vier Jahre. Da sich die Anzahl an neuen Geldeinheiten fortlaufend halbiert, ist die gesamte Anzahl an Bitcoins auch auf 21 Millionen Einheiten begrenzt.[49] Die Verknappung dient vor allem als Inflationsschutz und bewahrt das Bitcoin-Netzwerk vor unkontrolliertem Erstellen neuer Bitcoins. Seit Ende 2021 sind bereits 90% aller Bitcoins schon geschürft worden, wohingegen das Mining der restlichen 10% allerdings noch ca. 120 Jahre andauern wird.[50]

3.4 Bitcoin in der Praxis

Im Folgenden wird dargelegt, wie man in der Realität an Bitcoins gelangt, sie aufbewahrt und wie ein typischer Zahlungsvorgang in der Praxis aussehen kann.

3.4.1 Beschaffung

Bitcoins können neben dem Mining auch an verschiedenen Online-Börsen und Marktplätzen gegen Fiatwährungen erworben werden. Dafür gibt es mittlerweile eine Vielzahl von verschiedenen und lizenzierten Krypto-Börsen weltweit. Zusätzlich stehen bereits in über 50 Ländern Bitcoin-Geldautomaten zur Verfügung.[51] Werden Bitcoins bei Tauschbörsen erworben, fallen dabei jedoch in der Regel Gebühren an. Diese können je nach Handelsplatz unterschiedlich hoch ausfallen und liegen in der Regel bei rund 0,2 bis 1 Prozent des gewünschten Tauschbetrags.[52] Eine weitere Möglichkeit,

---

[46] Vgl. ausführlich Weber, B. (2013), S.81
[47] Vgl. Rosenberger, P. (2018), S.19-20
[48] Vgl. Pielke, W. (2018), S.15
[49] Vgl. Rosenberger, P. (2018), S.20-22
[50] Vgl. Brien, J. (2021)
[51] Vgl. Hellwig, D./ Karlic, G./ Huchzermeier, A. (2021), S.44-46
[52] Vgl. Sander, P. (2017), S.52

um an Bitcoins zu gelangen wäre es Waren und Dienstleistungen gegen diese zu verkaufen oder Bitcoins geschenkt zu bekommen.[53]

3.4.2 Aufbewahrung

Aufbewahrt und gespeichert werden Bitcoins in digitalen Geldbörsen, den sogenannten Wallets. Dabei unterscheidet man zwei Arten von Wallets. Zum einen **gibt es die „Hot Wallet", die elektronisch mit dem Internet verbunden ist und zum anderen die „Cold Wallet", die es nicht ist.**[54] Auch wenn es darüber hinaus auch noch unterschiedliche Ausprägungen von Wallets gibt, erfüllen sie alle dieselben Grundfunktionen. Und zwar sind Wallets erforderlich, um Bitcoins zu versenden, zu empfangen, um Bitcoin-Adressen zu speichern und um den privaten Schlüssel zu sichern, der allgemein für die Verwaltung der Bitcoins zuständig ist und darüber hinaus beweisen kann, wie viele Bitcoins man besitzt.[55] Denn in der Blockchain wird nicht direkt aufgeführt, wie viele Bitcoins eine Person besitzt, da die Blockchain schlank gehalten werden muss.[56] Darüber hinaus können die Wallets aus Sicherheitsgründen mit einem Passwort verschlüsselt werden.[57]

3.4.3 Bezahlvorgang

Die Nutzung des Zahlungssystem erfolgt folglich auch durch das persönliche Wallet, da dieses den privaten Schlüssel enthält, wodurch die Zahlungen autorisiert und ausgeführt werden können. Bei einer Transaktion fällt zudem immer eine manuell festgelegte Gebühr an, damit diese überhaupt ausgeführt wird. Die genaue Höhe an Bitcoin-Transaktionskosten ist allerdings weitestgehend von den Nutzungsbedingungen der verwendeten Wallet-Software, sowie der Höhe des Zahlbetrags abhängig.[58]

Ferner lässt sich ein typischer Zahlungsprozess in der Praxis aus Sicht eines Kunden, der mit Bitcoins zahlen möchte, in sechs einfachen Schritten darstellen: [59]

1.) Der Käufer bittet den Verkäufer den Zahlungsvorgang für die gewünschte Ware oder Dienstleistung zu starten
2.) Der Verkäufer übergibt dem Käufer eine Zahlungsaufforderung auf seiner Wallet, die aus einer Bitcoin Adresse, einem Betreff und aus dem geschuldeten Betrag (inkl. Gebühr) in Bitcoin Einheiten besteht und dies in Form eines QR-Codes oder einer ähnlichen Technologie
3.) Der Käufer autorisiert und bestätigt die Zahlung mit seinem privaten Schlüssel
4.) Es wird eine Transaktionsnachricht erstellt und an das Bitcoin-Netzwerk gesendet
5.) Sobald die Transaktionsnachricht bei dem Händler eingeht, wird dieser es zur Kenntnis nehmen
6.) Die endgültige Zahlungsbestätigung erfolgt dann innerhalb von wenigen Sekunden oder bis zu einer Stunde (Zeitraum u.a. auch von den genauen Akzeptanzkriterien und der Netzwerkanbindung des Händlers abhängig) und der Bezahlvorgang ist komplett abgeschlossen

Aus praktischer Sicht muss ein Kunde, der mit Bitcoins zahlen möchte, demzufolge nichts Weiteres tun, als einen QR Code zu scannen und die Zahlungsaufforderung in seiner Wallet zu bestätigen. Alle weiteren Prozesse werden danach vollautomatisiert durchgeführt. Bitcoin Zahlungstransaktionen

---

[53] Vgl. Berentsen, A./ Schär, F. (2017), S.300
[54] Vgl. Adelmann, Q./ Sheeler, D. (2021), S.107-108
[55] Vgl. Sixt, E. (2017), S.36-37
[56] Vgl. Rosenberger, P. (2018), S.22
[57] Vgl. Sixt, E. (2017), S.37
[58] Vgl. Sixt, E. (2017), S.96-101
[59] Vgl. Berentsen, A./ Schär, F. (2017), S.324-325

verlaufen somit äußerst einfach und nutzerfreundlich. Allerdings kann eine Zahlung nicht mehr widerrufen und auch nicht mehr zurückgebucht werden, nachdem sie ausgeführt wurde.[60]

3.4 Vor- und Nachteile des Bitcoins

Anhand der vorigen Ausarbeitung lassen sich Vor- und Nachteile des Bitcoins, sowohl für Nutzer als auch für Händler erkennen, die im Folgenden aufgelistet werden. Dabei wird auf einige Punkte im nächsten Kapitel („Analyse des Bitcoins anhand der Geldfunktionen") noch einmal zurückgegriffen und näher eingegangen.

3.4.1 Vorteile

- Zahlungstransfer von Nutzer zu Nutzer ohne Bank möglich
- Für Händler erfolgen Zahlungen schneller, günstiger, einfacher und ohne Stornierungen im Vergleich zu den herkömmlichen elektronischen Zahlungssystemen[61]
- Aufgrund der Anonymität ist es nicht erforderlich sich vor dem Vertragsschluss umfassende Informationen über Vertragspartner zu beschaffen, was dem Schutz der Privatsphäre bei Online-Transaktionen entgegenkommt (Smart Contracts)[62]
- Es sind schnellere und günstigere Geldsendungen ins Ausland möglich als mit einer herkömmlichen Banküberweisung[63]
- Einfache und nutzerfreundliche Handhabung bei Bitcoin-Transfers
- Es ist fälschungssicher und das doppelte Ausgeben (double spending) desselben Bitcoins ist nicht möglich
- Es schützt vor Inflation, da die Anzahl an Bitcoins begrenzt ist auf 21 Millionen Einheiten
- Es erfolgt keine geldpolitische Steuerung durch den Staat

3.4.2 Nachteile

- Das Mining verursacht einen hohen umweltschädlichen Energieverbrauch[64]
- Bitcoin ermöglicht seit Jahren Transaktionen für anonyme kriminelle Aktivitäten, wie z.B. für Geldwäsche oder den Kauf und Verkauf von illegalen Drogen und Waffen[65]
- Noch unklarer Rechtsstatus und fehlende Regulierungsbehörde[66]
- Bei Verlust oder Vergessen des privaten Schlüssels (Passwort) ist kein Zugriff mehr auf die eigenen Bitcoins möglich, wodurch sie nie wieder verwendet werden können
- Hackerangriffe sind trotz akuter Sicherheit immer möglich, wodurch Bitcoins gestohlen werden könnten[67]

---

[60] Vgl. Sander, P. (2017), S.31
[61] Vgl. Rosenberger, P. (2018), S.16
[62] Vgl. ausführlich über Smart Contracts Voshmgir, S. (2020), S.123-132
[63] Vgl. Sixt, E. (2017), S.83
[64] Vgl. dazu ausführlich Rosenberger, P. (2018), S.124-125
[65] Vgl. Rosenberger, P. (2018), S.35-36
[66] Vgl. auch Adelmann, Q./ Sheeler D. (2021), S.76-79
[67] Vgl. dazu auch Sixt, E. (2017), S.92-93

4. Analyse des Bitcoins anhand der Geldfunktionen

Nachdem durch die vorigen Kapitel ein Einblick in die Geldtheorie und dem Bitcoin gewährt wurde, geht es in diesem Kapitel darum, inwiefern der Bitcoin als Geld angesehen werden kann und somit das Potential hat, mit herkömmlichen Zahlungsmitteln zu konkurrieren. Dabei wird untersucht, inwieweit der Bitcoin die drei verschiedenen Geldfunktionen erfüllen kann und welche Chancen und Risiken sich durch ihn ergeben. Gleichzeitig wird dabei auch in einigen Punkten ein Vergleich zu Fiatwährungen vorgenommen.

4.1 Eignung als Tausch-/Zahlungsmittel

Wie bereits in Kapitel 2.1.1 festgestellt wurde, muss Geld um als Tauschmittel gelten zu können gegen eine Vielzahl von Waren und Dienstleistungen getauscht werden können und damit von einer hinreichenden Anzahl an Nutzern akzeptiert werden.

Bitcoin ist zwar ein Zahlungsmittel, das gegen Waren und Dienstleistungen eingetauscht werden kann, jedoch wird dessen Anwendungsbereich stark eingegrenzt und ist von der Anzahl der Akzeptanzstellen abhängig.[68] Laut der Internetseite coinmap.org, welche die physischen Akzeptanzstellen für Bitcoins aufführt, beträgt die Gesamtanzahl der weltweiten Akzeptanzstellen für Bitcoin am 02.03.2022 genau 28.753. Bei Betrachtung der Karte wird jedoch schnell klar, dass die Bitcoin-Infrastruktur noch weit davon entfernt ist, ein lückenloses Netzwerk für den Gebrauch im Alltag aufzuweisen. Zudem beschränken sich die Nutzungsmöglichkeiten mehrheitlich auf große Städte.[69] Im Vergleich dazu gibt es allein für eine etablierte Kreditkarte wie Visa ungefähr 46 Millionen Annahmestellen weltweit.[70] In Deutschland hingegen gibt es sogar nur 400 Akzeptanzstellen (Stand 2020) für Bitcoins, was allerdings auch nur 0,12% aller in Deutschland ansässigen Geschäfte ausmacht.[71] Somit lässt sich schlussfolgern, dass die Anzahl an physischen Akzeptanzstellen für Bitcoins derzeit äußerst gering ist.

Auch wenn die Anzahl an Akzeptanzstellen für Bitcoins dennoch tendenziell steigend ist, hat sich die Kryptowährung bislang als Tauschmittel nicht durchsetzen können, da sie kaum als Zahlungsmittel genutzt wird.[72] Laut einer Umfrage besitzen und nutzen in Deutschland generell nur 10% der über 2000 Befragten Kryptowährungen, während es in den USA 13% und in Südafrika 22% sind.[73] In absoluten Zahlen ausgedrückt liegt die Anzahl der Bitcoin-Besitzer bislang weltweit bei ca. 106 Millionen[74], wovon allerdings lediglich nur 400.000 diese auch täglich verwenden.[75] Auf Basis dieser Zahlen lässt sich somit deutlich erkennen, dass der Großteil der weltweiten Bitcoin-Besitzer die Bitcoins aufbewahren und nicht für Transaktionen ausgeben.[76] Additional wird diese These damit untermauert, dass vom gesamten Bitcoin-Transaktionsvolumen, meistens nur ein kleiner Bruchteil auf Bezahlvorgänge für Waren und Dienstleistungen zurückzuführen ist, während der Großteil durch Spekulanten verursacht wird. Diese handeln Bitcoins demzufolge nur, anstatt sie für echte Produkte

---

[68] Vgl. Berentsen, A./ Schär, F. (2017), S.243

[69] Vgl. coinmap (2022)

[70] Vgl. Handelsblatt (2020)

[71] Vgl. Tolkmitt V./ Wittrin R. (2021), S.24

[72] Vgl. Berentsen, A./ Schär, F. (2017), S.243

[73] Vgl. Bocksch, R. (2022)

[74] Es sollte beachtet werden, dass man schon als Bitcoin-Besitzer gilt, wenn man auch nur 0,000000001 BTC besitzt und es sich nur um Schätzwerte handelt

[75] Vgl. Buy Bitcoin World Wide (2022)

[76] Vgl. auch Rosenberger, P. (2018), S.117

oder Dienstleistungen auszugeben.[77] Ferner hat eine Studie des DCI Institutes ergeben, dass nur 3,6% der deutschen Probanden Bitcoin bislang als Zahlungsmittel im Internet benutzt haben, während es mit den klassischen Bezahlmethoden wie der Kreditkarte oder Lastschrift fast zehn Mal so viele waren. Am häufigsten wird hingegen PayPal mit 67% verwendet.[78] Demzufolge stellt der Bitcoin auch im Online-Segment bislang keine ernstzunehmende Bezahl-Alternative dar. Darüber hinaus könnten sich in Deutschland, laut einer Online-Umfrage des Meinungsforschungsinstituts „Civey", auch nur 11% der befragten Personen vorstellen, in Zukunft mit Bitcoin zu bezahlen, während fast die Hälfte der Befragten dieses Vorgehen deutlich verneinte. An dieser Umfrage nahmen 10.000 Personen teil.[79]

Die Gründe für das Nichtkaufen oder Verwenden von Bitcoins liegt laut „Bitkom" daran, dass der Großteil der Deutschen kein Interesse an der Thematik Bitcoin hat. Gefolgt von der Angst vor einem Werteverlust oder der Unwissenheit, wie man sie erwirbt oder nutzt.[80] Diese Gründe bestätigen sich ebenso im US-amerikanischen Raum.[81] Ein weiterer und bedeutsamer Kritikpunkt gegen den Bitcoin im Zahlungsverkehr ist die Tatsache, dass die Bestätigungsdauer einer Transaktion bis zu zehn Minuten in Anspruch nehmen kann. Beim Online-Shopping spielt dies keine Rolle, jedoch ist dadurch das schnelle Bezahlen wie mit einer Bank- oder Kreditkarte an der Ladenkasse nicht gegeben. Im Vergleich dazu kann jedoch in Erwägung gezogen werden, dass es bei einer klassischen Banküberweisung oder Kreditkartenzahlungen ein oder mehrere Werktage andauert, bis eine Zahlung vollständig abgebucht wird. Allerdings wird dabei im Zeitpunkt des Kaufes auch eine Zahlungsverbindlichkeit bei der Bank verbucht.[82] Dadurch hat der Verkäufer zumindest die Sicherheit, dass seine Zahlungsforderung gegen den Käufer vollstreckt werden kann, für den Fall, dass sein Konto nicht ausreichend gedeckt ist. Beim Bitcoin hingegen ergibt sich die Vollstreckung gegenüber Zahlungspflichtigen aufgrund der Anonymität und das nicht Vorhandensein einer zentralen Instanz als äußerst schwierig. In dieser Hinsicht sind zudem Rückbuchungen oder Stornierungen erst gar nicht möglich, was wiederum für die Käufer vom Nachteil wäre.

Dass sich der Bitcoin kaum als Zahlungsmittel etabliert hat, spiegelt sich zudem auch bei den Transaktionen wider. Denn es zeigt sich recht deutlich, dass die Zahl der weltweit in Bitcoin abgewickelten Transaktionen vergleichsweise gering ausfällt. So erfolgen derzeit weltweit durchschnittlich weniger als 300.000 Bitcoin-Transaktionen pro Tag[83], während es in der Europäischen Union täglich mehr als 270 Millionen Zahlungen sind, die über elektronische Kanäle getätigt werden.[84] Dadurch ist auch die technische Kapazität von sieben Transaktionen pro Sekunde bereits zur Hälfte ausgeschöpft. Ergänzend dazu werden allein in Deutschland ca. 25 Mio. Überweisungen pro Werktag durchgeführt, während etablierte Online-Bezahlverfahren wie Visa oder Mastercard bis zu 2000 Transaktionen pro Sekunde leisten.[85] Es fehlt dem Bitcoin infolgedessen auch an Skalierbarkeit was die Kapazität und Transaktionsgeschwindigkeit angeht, um als weltweites Zahlungsmittel agieren zu können, da sieben Transaktionen pro Sekunde deutlich viel zu gering sind.

---

[77] Vgl. Deutsche Wirtschaftsnachrichten (2019) und Kenning, P./ Oehler, A./ Reisch, L. (2021), S.399
[78] Vgl. DCI Institute (2018)
[79] Vgl. Civey (2017)
[80] Vgl. Bitkom (2018)
[81] Vgl. Sixt, E. (2017), S.24
[82] Vgl. Deutsche Bundesbank, S.60-73
[83] Vgl. Blockchain.com (o.J.)
[84] Vgl. Kenning, P./ Oehler, A./ Reisch, L. (2021), S.398
[85] Vgl. Hanl, A./ Michaelis, J. (2017), S.364

In Bezug auf die getätigten Transaktionen ist jedoch hervorzuheben, dass die Gesamtanzahl aller Bitcoin Transaktionen von 200 Millionen im Jahr 2017 kontinuierlich auf bislang ca. 700 Millionen gestiegen ist und sich somit in den letzten fünf Jahren mehr als verdreifacht hat.[86] Das Interesse an Bitcoin steigt folglich und ist für die Weiterentwicklung zu einem weltweit etablierten Zahlungssystem von Nöten. Jedoch ist der Bitcoin sowohl technisch, als auch aus Sicht der noch zurückhaltenden und skeptischen Bevölkerungsmasse, aktuell noch nicht ausgereift dafür. Zudem ist es auch aus dem Standpunkt der Konsumenten bislang aussichtsreicher, bei dem konventionellen Bezahlverfahren zu bleiben, da derzeit noch zu wenig Akzeptanzstellen existieren, um damit wirklich überall bequem zahlen zu können.

Neben den bereits genannten Nachteilen des Bitcoins im Hinblick auf deren Zahlungsmittelfunktion, gibt es aber auch weitreichende Vorteile gegenüber den herkömmlichen Zahlungsmitteln.

Zum einen ergibt sich für Entwicklungsländer und Staaten mit einem instabilen Finanzsystem eine Chance, den Bitcoin als Zahlungsmittel zu verwenden. Denn damit könnte die Nutzung einer inflationsgeschädigten Währung eines Landes entfallen und der Bitcoin als echtes alternatives Zahlungsmittel an Ort und Stelle genutzt werden.[87] Zum anderen könnten Milliarden Menschen weltweit, die bis heute über kein eigenes Bankkonto verfügen und somit vom internationalen Finanz- und Zahlungssystem ausgeschlossen sind, mit dem Bitcoin in die Weltwirtschaft integriert werden.[88] Dies wird sich jetzt vor allem in dem Entwicklungsland El Salvador zeigen, wo der Bitcoin im Herbst 2021 als gesetzliches Zahlungsmittel eingeführt worden ist.

Des Weiteren ist die Nutzung des Bitcoins als Zahlungsmittel aus Sicht von Unternehmen äußerst lukrativ, weshalb immer mehr Unternehmen dessen Annahme akzeptieren. Dies liegt insbesondere daran, dass die Kosten mit dem Einsatz von Bitcoins niedriger sind, als wenn Kunden mit Kreditkarten wie Visa oder Mastercard zahlen, wodurch am Ende ein größerer Gewinn für die Unternehmen herausspringt. Zusätzlich sind Kreditkartenbetrugsfälle, sowie Rückbuchungen oder Stornierungen nicht möglich, was sich ebenso für die Unternehmen positiv auswirkt.[89] Zu den Unternehmen, die den Bitcoin als Zahlungsmittel akzeptieren, zählen mittlerweile aber nicht nur Global Player wie Microsoft, Dell oder KFC, sondern auch viele lokale Restaurants und Ladengeschäfte in Großstädten. Aber auch Online-Casinos und viele Online-Shops aus den verschiedensten Segmenten reihen sich in die Liste der Akzeptanzstellen ein, wodurch viele Branchen für den Alltag abgedeckt sind.[90]

Ein weiterer Vorteil von Bitcoin ist, dass die Transaktionskosten in der Regel günstiger sind als bei traditionellen Bezahlmethoden, wie Kreditkarten oder Banküberweisungen, vor allem wenn diese ins oder im Ausland getätigt werden. Dies ist damit zu begründen, dass virtuelle Währungen unabhängig von einer dritten Partei sind und somit sämtliche Kosten mit Intermediären entfallen.[91] Allerdings steigen die Gebühren für Bitcoin-Transaktionen mit zunehmender Netzwerkauslastung, weshalb mit steigenden Transaktionsgebühren in der Zukunft zu rechnen ist.[92] Ob sie dann tatsächlich auch günstiger bleiben als bei den herkömmlichen Zahlungsmethoden bleibt abzuwarten. Dagegen könnte man jedoch anbringen, dass trotz der zehnminütigen Bestätigungsdauer, (unbestätigte)

---

[86] Vgl. Blockchain (2022)
[87] Vgl. Sixt, E. (2017), S.23-24
[88] Vgl. ebd., S. 195
[89] Vgl. ebd., S.23
[90] Vgl. Sander, P. (2017), S.42-43
[91] Vgl. **Kancs, d'Artis**/ Ciaian, P./ Rajcaniova, M. (2015), S. 889-890
[92] Vgl. Berentsen, A./ Schär, F. (2017), S.250

Transaktionen mit Bitcoin an sich, überall schneller durchgeführt werden können und das unabhängig von Ländergrenzen oder nationalen Bankgruppen.[93] In Bezug auf die Komplexität kann sich der Bitcoin ebenso bewähren, da seine Handhabung für Zahlungszwecke recht simpel verläuft.

Zusammengefasst erfüllt der Bitcoin aufgrund der aktuell noch zu niedrigen Akzeptanz, sei es durch die Nutzung der Konsumenten oder der Anzahl der dafür akzeptierenden Unternehmen und Annahmestellen, nicht die Funktion eines Tausch- bzw. Zahlungsmittel. Dadurch kann die Akzeptanz von Bitcoin auch nicht mit der Akzeptanz der konventionellen Geldeinheiten verglichen werden. Hinzukommt, dass der Großteil der Bitcoin-Besitzer, diese auch nicht ausgeben, sondern horten, was ebenso die Tauschmittelfunktion einschränkt. Darüber hinaus ist es auch, abgesehen von El Salvador, in keinem Land der Welt als gesetzliches Zahlungsmittel legitimiert, wodurch es keine rechtliche Annahmepflicht gibt und es somit seine Akzeptanz weiterhin deutlich erschwert. Nichtsdestotrotz lässt sich jedoch der Trend erkennen, dass sich der Bitcoin aufgrund der steigenden Annahmestellen, langsam auf dem Weg befindet die Geldfunktion als Zahlungsmittel immer stärker zu erfüllen, aber aktuell noch zu weitreichenden Hürden ausgesetzt ist.

4.2 Eignung als Wertspeicher

Um die Funktion der Wertaufbewahrung zu erfüllen, muss Geld zu einem belieben Zeitpunkt in der Zukunft gegen Waren oder Dienstleistungen eingetauscht werden können und sollte dabei nicht stark von seinem ursprünglichen Wert abweichen.

In dieser Hinsicht ist es zwar möglich Bitcoins zu halten und zu einem zeitlich späteren Zeitpunkt auszugeben, jedoch unterliegen sie seit Jahren erheblichen Wertschwankungen[94], wodurch die Nutzung als Wertaufbewahrungsmittel stark eingegrenzt wird. Denn bei Schwankungsintensitäten (Volatilitäten) von teilweise über 100%, wie es bei dem Bitcoin teilweise der Fall war, kann die Zeitdifferenz zwischen Kauf und Verkauf von Gütern nicht gesichert überbrückt werden, weshalb ein Vermögenstransfer von heute auf morgen nicht wertstabil erfolgen kann.[95] Dadurch eignet sich der Bitcoin nicht als Wertspeicher im ökonomischen Maße.

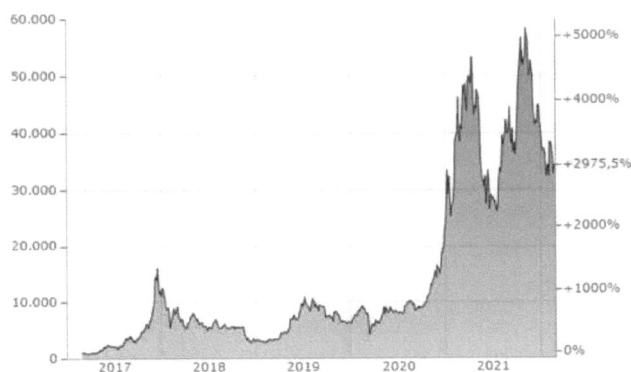

Abbildung 1: Kursentwicklung des Bitcoins von 2017-2022 in Euro
(Quelle: https://www.finanzen.net/devisen/bitcoin-euro-kurs)

---

[93] Vgl. Mayer, T. et al. (2019), S. 7
[94] Siehe dazu Abbildung 1.
[95] Vgl. Tolkmitt, V./ Wittrin, R. (2021), S.25

Wenn es um die Eignung als Wertspeicher geht, ist allerdings anzumerken, dass der Bitcoin im Vergleich zu einer Fiatwährung den klaren Vorteil hat, dass er nicht inflationär ist, das heißt seinen Wert nicht über die Zeit verliert[96], sondern deflationären Spannungen ausgesetzt ist.[97] Dies ist damit zu begründen, dass die Menge an Bitcoin Einheiten auf 21 Millionen beschränkt ist und der Bitcoin Preis nur von Angebot und Nachfrage bestimmt wird, was zudem eine Seltenheit einer Bitcoin Einheit impliziert. Die daraus resultierende und mögliche Deflation ist jedoch für die Bitcoin-Besitzer vorteilhaft, da sie durch das Horten und Erwarten einer zukünftige Wertsteigerung (Buy-and-Hold Strategie) selbst einen Profit erwirtschaften können und es den Bitcoin dadurch allgemein als Wertanlage attraktiv macht. Dies bekräftigt auch die Tatsache, dass viele Menschen dadurch zu Millionären geworden sind. Auf der anderen Seite kann der Preis des Bitcoins aber auch komplett einstürzen, falls die Nachfrage zurückgeht und Anleger das Vertrauen in den Bitcoin verlieren.[98] Dies spiegelt der Bitcoin-Kurs vor allem aufgrund seiner rasanten Berg- und Talfahrten in den letzten Jahren deutlich wider. So verzeichnete der Bitcoin im November 2021 noch ein Allzeithoch von rund 58.000€, fiel jedoch nach nur drei Monaten bereits um fast die Hälfte auf ca. 33.000€.[99] Daher liegt, bedingt durch die Erwartungshaltung des Bitcoin-Wertes und der stark schwankenden Bitcoin-Kurse, die Tendenz nahe, dass es sich beim Bitcoin derzeit mehr um ein Spekulationsobjekt handelt als um eine sichere Wertanlage. In diesem Zusammenhang sind erhebliche Preisanstiege mit fabelhaften Renditen ebenso gefährlich für die Geldfunktionen, wie zu hohe Werteverluste. Aus diesem Grund ist es essenziell, dass der Wert einer Geldeinheit konstant stabil bleiben sollte, da bei einem zu schnellen Verfall die Wertspeicherfunktion missfällt.[100] Daraus lässt sich schließen, dass der Wert des Geldes hauptsächlich in seiner Stabilität liegt.[101]

Als Ergänzung dazu sollte auch nicht unerwähnt bleiben, dass der Euro in Bezug auf die Wertstabilität seit seiner Einführung im Jahr 2002 einen Werteverlust von 80% gegenüber dem „echten Geld"[102] Gold verzeichnet hat.[103] Allerdings haben digitale Währungen wie Bitcoin, ohne eine Koppelung an den Kurs einer Fremdwährung, wie es bei „Stable Coins" der Fall ist, überhaupt keine Wertstabilität gegeben.[104] Dies ist damit zu begründen, dass Bitcoins keinerlei Fundamentalwert oder angeknüpftes Zahlungsversprechen aufweisen und auch keinen Emittenten haben, der für die Stabilität einsteht, wie es beispielsweise bei einer Fiatwährung der Fall ist. Hinzu kommt, dass der Bitcoin eine begrenzte Nutzung hat und dadurch weiterhin in der Gesamtbetrachtung ein Spekulationsobjekt ohne Wertanker bleibt. Der real wirtschaftliche Gegenwert einer Bitcoin-Einheit wird dadurch auch nur durch den Markt (über Angebot und Nachfrage) bestimmt, welcher zudem in dem Wechselkurs der jeweiligen Fiatwährung angegeben wird.[105] Darüber hinaus hat der US-amerikanische Finanzprofessor, David Yermack, für das Jahr 2013 eine Untersuchung zur Wertstabilität durchgeführt, indem die tägliche Volatilität des Bitcoins mit denen von verschiedenen Fiatwährungen (Euro, Dollar, Yen und britisches Pfund) und einer alternativen Anlageform wie Gold, gegen den US-

---

[96] Seit der Einführung 2002 hat der Euro ein Viertel seines Wertes bzw. seiner Kaufkraft verloren. Vgl. dazu ExpertenReport (2021)

[97] Vgl. **Kancs, d'Artis**/ Ciaian, P./ Rajcaniova, M. (2015), S. 896.

[98] Vgl. Berentsen, A./ Schär, F. (2017), S.255-256

[99] Vgl. finanzen.net (o.J.) und Abbildung 1

[100] Vgl. Berentsen, A./ Schär, F. (2017), S.270

[101] Vgl. Deutsche Bundesbank (2017), S. 130

[102] Gold wird als echtes Geld bezeichnet, da sie vor Aufhebung des Goldstandars ganz offiziell als Geld galt und einen realen (Substanz-)Wert hat im Gegensatz zu Fiatgeld. Vgl. dazu auch Kapitel 2.4 und 2.5 dieser Arbeit.

[103] Vgl. Naujok, H. (2021)

[104] Vgl. Tolkmitt, V./ Wittrin R. (2020), S.25

[105] Vgl. Berentsen, A./Schär, F. (2017), S.79-80; Hanl, A./ Michaelis, J. (2017), S.369

Dollar verglichen wurde. Dabei ist er zu der Erkenntnis gekommen, dass die Volatilität von Bitcoin (142%) im betrachteten Zeitraum um ein Vielfaches höher war als die der realen Währungen und dem Gold (22%). Die Volatilität des Euros war dabei sogar mit ca. 8% noch am niedrigsten.[106] Im Jahr 2020 belief sich die Preis-Volatilität des Bitcoins im Zeitraum von 12 Monaten auf ca. 83%, wohingegen die von Gold bei lediglich 20% lag.[107] Aufgrund dessen kann festgehalten werden, dass der Bitcoin seinen Wert schon vor fast zehn Jahren nicht halten konnte und extremen Schwankungen unterlag, die heute zwar etwas geringer ausfallen, aber dennoch sehr hoch sind und zeigen, dass der Bitcoin stets volatil ist. Insgesamt betrachtet ist der Bitcoin damit auch nicht wertstabiler als eine Fiatwährung wie der Euro, welcher sich im Laufe der Geschichte bislang immer bewährt hat und dessen Wertstabilität zumindest durch die Zentralbanken stabil gehalten wird.[108] In diesem Zusammenhang lässt sich zugleich auch die Notwendigkeit einer aktiven Geldpolitik durch eine unabhängige und stabilitätsorientierte Notenbank ableiten, welche in Notfällen, sei es durch Investitionen oder das Erhöhen der Geldmenge, eingreifen könnte. Aufgrund dessen ist es auch nicht möglich, dass die Kryptowährung Bitcoin, den Euro als Währung ersetzen könnte, da „die Qualität einer Währung [..] vorrangig an ihrer Stabilität gemessen [wird] "[109] und der Bitcoin folglich extrem wertinstabil ist.

Darüber hinaus spielt auch der Aspekt der Sicherheit eine wichtige Rolle. Denn wie bereits dargelegt wurde, werden die Bitcoins in digitalen Wallets aufbewahrt. Diese können jedoch gehackt werden, wodurch die Bitcoins gestohlen werden könnten. Sie sind dadurch auch physisch nicht so sicher wie Gold oder eine Fiatwährung, welches materiell anfassbar ist und zum Schutz in einem Safe aufbewahrt werden könnte. Darüber hinaus besteht immer das Risiko, dass in Zukunft ein Verbot für Bitcoins ausgesprochen werden könnte, wie es seit 2017 zum Beispiel in China der Fall ist, wodurch ein Totalverlust möglich wäre.[110] Zudem ist der Bitcoin ein Netzwerkgut, dessen Wert oder Leistung einzig und allein von der Anzahl dessen Nutzer abhängig ist. Dies stellt sich angesichts der derzeit noch kritischen Bevölkerungsmasse und weltweit geringen Nutzerzahl als ein Risiko dar, wenn in naher Zukunft keine Vielzahl von neuen Nutzern hinzugewonnen werden können.[111]

Zusammenfassend lässt sich sagen, dass der Bitcoin den Anforderungen der Wertaufbewahrungsfunktion aufgrund der hohen Volatilität bezüglich des Wechselkurses nicht gerecht wird und zusätzlich noch einem Spekulations- und Verlustrisiko unterliegt, wodurch es seine Eignung als Wertspeicher nahezu unmöglich macht. Hinzu kommt, dass der Bitcoin mit keinem realen Wert hinterlegt ist und folglich auch keine Geldwertstabilität oder Sicherheit gegeben ist, wie zum Beispiel durch eine Zentralbank.

---

[106] Vgl. Yermack, D. (2013), S.14-22
[107] Vgl. CashOnline (2021)
[108] Vgl. Rickes, R. (2018), S.72-74
[109] Sander, P. (2017), S.22
[110] Vgl. Rosenberger, P. (2018), S.135
[111] Vgl. Sixt, E. (2017), S.26

4.3 Eignung als Recheneinheit

Um als Recheneinheit fungieren zu können muss Geld teilbar sein und als Vergleichsmaßstab dienen, um sich in einer Bezugsgröße ausdrücken zu können.

Subeinheit	In Bitcoin Einheiten
1 Bitcoin	1 Bitcoin
1 Deci-Bitcoin	0.1 Bitcoin
1 Centi-Bitcoin	0.01 Bitcoin
1 Milli-Bitcoin	0.001 Bitcoin
1 Microbitcoin	0.000001 Bitcoin
1 Satoshi	0.00000001 Bitcoin

Abbildung 2: Mögliche Stückelung einer Bitcoin-Einheit[112]

Die Voraussetzung der Unterteilung erfüllt der Bitcoin, da Bitcoin Einheiten, wie aus Abbildung 2 zu entnehmen ist, bis auf acht Nachkommastellen teilbar sind. Dem entsprechend ist die kleinstmögliche Einheit 0,00000001 Bitcoin, die zu Ehren des Erfinders auch als 1 Satoshi bezeichnet wird.[113] Der wesentliche Zweck der Recheneinheitsfunktion ist es jedoch, den Handel durch die Vergleichbarkeit von Gütern zu vereinfachen. Auch wenn infolgedessen eine Preisbildung in Bitcoin-Einheiten möglich ist, sind zwei Kritikpunkte zu beachten:

Zum einen liegt die erste Problematik darin, dass die Menschen Schwierigkeiten haben Dezimalzahlen zu erfassen und deren Informationsgehalt korrekt zu interpretieren, da der hohe Wert einer Bitcoin-Einheit[114] in Bruchteilen ausgedrückt werden muss. Dies spiegelt sich folglich auch in der Praxis bei den Preisen für Waren und Dienstleistungen wider.[115]

Zum anderen führen die bereits erwähnten permanenten starken Kursschwankungen des Bitcoins dazu, dass sich die Preise ständig verändern und diese dementsprechend immer angepasst werden müssen. Dies erschwert zusätzlich eine Vergleichbarkeit von Gütern auf langfristige Sicht recht erheblich.[116] Aufgrund der hohen Volatilität formulieren die Händler und Bitcoin-Akzeptanzstellen ihre Preise daher auch zunächst erst einmal in der lokalen Fiatwährung. Der Bitcoin Preis ergibt sich erst nachdem eine Umrechnung mit dem aktuellen Wechselkurs vorgenommen wurde.[117] Aus diesem Grund eignet sich der Bitcoin nur bedingt als Recheneinheit.

Abschließend kann jedoch festgehalten werden, dass der Bitcoin grundsätzlich die Recheneinheitsfunktion erfüllt, allerdings ständigen Kursschwankungen unterliegt und somit diese Funktion bei weitem nicht so gut wie eine etablierte und kursstabile Währung bewerkstelligt. Darüber hinaus hat die Bundesanstalt für Finanzdienstleistungsaufsicht (BaFin) den Bitcoin auch rechtlich als Rechnungseinheit nach §1 Absatz 11 Satz 1 des Kreditwesengesetzes (KWG) eingeordnet.

---

[112] Quelle: in Anlehnung an Berentsen, A./ Schär, F. (2017), S.273
[113] Vgl. Berentsen, A./ Schär, F. (2017), S.272-273
[114] Stand heute (01.03.22) entspricht 1 Bitcoin genau 33.904,95€
[115] Vgl. Berentsen, A./ Schär, F. (2017), S.272-274
[116] Vgl. ebd., S.272-274
[117] Vgl. Hanl, A./ Michaelis, J. (2017), S.365

5. Schlussbetrachtung und Ausblick

Ziel der vorliegenden Studienarbeit war es zu untersuchen, inwieweit sich die Kryptowährung Bitcoin als Zahlungsmittel in der Zukunft etablieren kann und somit eine echte Alternative zu den herkömmlichen Bezahlmethoden darstellen kann. Die kritische Betrachtung des Bitcoins hat jedoch gezeigt, dass der Bitcoin auch im Jahre 2022 in vielerlei Hinsicht noch nicht für den Zahlungsverkehr ausgereift ist. Dies liegt insbesondere daran, dass bei der Brücke zwischen Theorie und Praxis hinsichtlich der Umsetzung in einigen Punkten noch Entwicklungsbedarf besteht und die Nutzungsmöglichkeiten in den meisten Ländern noch nicht weitreichend ausgeprägt sind. Unter diesen Gesichtspunkten findet der Bitcoin daher aktuell bei den meisten Menschen kaum Relevanz und stößt stattdessen auf Skepsis.

Bitcoin ist auch nicht als Geld im Sinne der konventionellen Geldtheorie zu sehen, da es keines der drei Geldfunktionen vollständig erfüllt. So ist der Bitcoin, abgesehen von El Salvador, in keinem Land als gesetzliches Zahlungsmittel anerkannt und erfüllt aufgrund der noch wenigen Annahmestellen auch nicht die Tauschfunktion. Ergänzend dazu sollte nicht unerwähnt bleiben, dass die meisten Bitcoin-Besitzer diese nur horten und nicht für Zahlungszwecke verwenden. Zusätzlich sorgen die hohen Volatilitäten des Bitcoins und die Tatsache, dass er nicht mit einem realen Wert hinterlegt ist, dafür, dass der Bitcoin letztendlich mehr als ein Spekulationsobjekt angesehen werden kann, als ein sicherer Wertspeicher, weshalb er auch nicht die Wertaufbewahrungsmittelfunktion erfüllt. Die Preisvolatilität schränkt zusätzlich auch die Recheneinheitsfunktion ein, da die ständigen Kursschwankungen dafür sorgen, dass die Preise ständig angepasst werden müssen. Dadurch wird eine Vergleichbarkeit von Gütern nicht vereinfacht, sondern auch aufgrund der Preisbildung in Dezimalstellen deutlich erschwert.

Auf der anderen Seite ist es jedoch unumstritten, dass in der praktischen Nutzung alle drei Geldfunktionen grundsätzlich erfüllt werden. Demzufolge ist es möglich mit dem Bitcoin Waren und Dienstleistungen zu kaufen, welche zudem auch in Bitcoin-Preisen gebildet werden können. In Bezug auf die Werterhaltung kann der Bitcoin mit Rohstoffen wie Gold oder Silber verglichen werden. Denn dessen Preis wird auch, wie der Bitcoin, durch Angebot und Nachfrage bestimmt, weshalb der Bitcoin auch die Werterhaltungsanforderung auf Basis seiner aktuellen marktbestimmten Bewertung erfüllt.[118] Dementsprechend kann festgehalten werden, dass Bitcoins sicherlich keine optimalen Geldeinheiten sind, aber dennoch einen monetären Einsatz möglich machen und die Geldfunktionen zumindest in der Praxis hinreichend erfüllen.

Gleichzeitig ist der Transfer von Geldeinheiten von Nutzer zu Nutzer, ohne das Vertrauen und die Hilfe einer zentralen Institution wie einer Bank, möglich. Dadurch wurde die Vision von Satoshi Nakamoto demzufolge in die Tat umgesetzt. Allerdings zeigt die Realität, dass die Mehrheit der Bitcoin-Transaktionen unter Zuhilfenahme von Zahlungsdienstleistern erfolgt, welche die Umwandlung von traditionellen Währungen in Bitcoin und umgekehrt vornehmen. Darüber hinaus wird auch bei den Online-Wallets auf externe Dienstleister zurückgegriffen.[119] Die Bitcoin-Nutzer sind somit also gezwungen auf einen Dritten zurückzugreifen, welche sie ebenso wie einer Bank vertrauen müssen. Wie sich daraus schlussfolgern lässt, stellt Vertrauen eine unverzichtbare Grundlage jeder Kooperation dar und ist ein notwendiger Faktor jedes funktionierenden Währungssystems und dessen Zahlungsform. Während das in Fiatwährungen verbriefte Vertrauen durch die von einer

---

[118] Vgl. Hellwig, D./ Karlic, G./ Huchzermeier, A. (2021), S.7-8
[119] Vgl. auch Hanl, A./ Michaelis, J. (2017), S.367

zentralen Behörde ausgegebene Geldmenge sichergestellt wird, basiert das in Kryptowährungen verbriefte Vertrauen auf der zugrunde liegenden Blockchain-Technologie. Allerdings ist die Vertrauenshürde beim Bitcoin sehr hoch. Gründe dafür sind hauptsächlich die vielen negativen Medienberichte über Hackerangriffe oder der Nutzung für illegale Zwecke, die den Bitcoin dadurch in ein schlechtes Licht rücken lassen und ihn dabei hindern sich zu entfalten und das Vertrauen der Bevölkerungsmasse zu gewinnen und somit letztendlich seine Akzeptanz zu erweitern. Jedoch ist das Vertrauen spätestens seit der Finanzkrise 2008 auch in den Banken und den Staaten verloren gegangen, weshalb Fiatwährungen immer anfällig für Parallelwährungen bleiben werden.

Im Vergleich zu Fiatwährungen wurde zudem festgestellt, dass der Bitcoin den Vorteil hat, nicht inflationär zu sein aufgrund der begrenzten Mengeneinheiten. Allerdings ist eine Deflation möglich, was einen Rückgang des Preisniveaus zur Folge hätte und somit schädlich für die Stabilität des gesamten Wirtschaftssystems werden könnte.[120] Denn wie im vorherigen Kapitel festgestellt wurde, wird der Wert des Geldes allein an dessen Kaufkraft bzw. Wertstabilität bemessen. In diesem Zusammenhang hat sich zudem ergeben, dass eine Fiatwährung, wie der Euro, wertstabiler ist als der Bitcoin. Denn der Bitcoin weist das Problem auf, dass hinter ihm kein realer Wert steht und er in kaum einem Land als gesetzliches Zahlungsmittel verordnet wurde, wodurch seine Wertstabilität auch nicht garantiert werden kann. Hierzu wäre es erforderlich, dass es zumindest einen intrinsischen Wert wie Gold gibt, der ihn deckt und dafür sorgt, dass ein stabiler Wert entsteht oder dass der Bitcoin an den Kurs einer echten Fremdwährung gekoppelt wird. Diese Faktoren sind beim Bitcoin jedoch nicht gegeben. Dadurch bleibt der der Bitcoin-Wechselkurs und somit sein realer Wert, welcher nur durch Angebot und Nachfrage bestimmt wird, weiterhin sehr schwankend, weil er unter anderem von Spekulanten und Tradern als Spielball genutzt wird. Zusätzlich steht hinter dem Bitcoin auch keine Institution wie zum Beispiel eine Zentralbank, welche bei Preisinstabilitäten oder einer Deflation mit einer aktiven Geldpolitik[121] eingreifen könnte. Folglich ist es auch nicht abzusehen, dass der Bitcoin eine Währung wie den Euro in naher Zukunft ersetzen könnte, da er basierend auf den genannten Gründen, eine sehr instabile Währung ohne zentrale Instanz darstellen würde. Darüber hinaus ist der Bitcoin bis heute, zumindest in Ländern mit einer stabilitätsorientierten Geldpolitik wie in Deutschland, noch mehr als ein ergänzendes Angebot bzw. als eine Komplementärwährung zu sehen, da er bislang quantitativ zu unbedeutend ist, um einer realen Währung ernsthaft Konkurrenz zu machen. Anders kann das in Entwicklungsländern ausschauen. Denn wie bereits erwähnt wurde, hat El Salvador als erstes Land der Welt den Schritt gewagt, den Bitcoin neben dem US-Dollar als gesetzliches Zahlungsmittel anzuerkennen. Inwieweit der Bitcoin dann parallel zu einer Fiatwährung problemlos und auch wirtschaftlich funktionieren kann, wird sich daher auch an dessen Beispiel noch zeigen, weshalb diese Entwicklung mit Bedacht mitzuverfolgen ist.

Nichtsdestotrotz bleibt die generelle Skepsis auf Seiten der Konsumenten bestehen, welche sich mit einer höheren Anzahl an Nutzern jedoch beseitigen lassen würde. Allerdings verzichten viele Konsumenten aufgrund von mangelnden Kenntnissen, der Unwissenheit über dessen Nutzen und Erwerb, geringer Akzeptanzstellen (vor allem in Deutschland) und der hohen Volatilität darauf. Ein weiteres Problem ist zudem der noch unklare Rechtsstatus und das Fehlen einer Regulierungsbehörde. Dass sich der Bitcoin dadurch auch noch nicht als weltweites Zahlungssystem etabliert hat, liegt neben den genannten Gründen auch daran, dass der Bitcoin als Zahlungsmittel

---

[120] Vgl. auch Deutsche Bundesbank (2017), S.130-134, 148
[121] Z.B., indem durch das Geld-Drucken mehr Geld im Umlauf gebracht wird, was beim Bitcoin nicht möglich ist

kaum Beachtung findet. Denn es ist unumstritten, dass die getätigten Transaktionen in Bitcoin um ein Vielfaches geringer ausfallen als die, die mit einer klassischen Banküberweisung oder Kreditkarte getätigt werden. Dies liegt unter anderem auch daran, dass die Wartezeit für eine Transaktionsbestätigung verhältnismäßig zu hoch ist und der Bitcoin-Preis sich permanent verändert, wodurch es insgesamt betrachtet für die meisten Menschen bequemer und einfacher ist, weiterhin auf die klassischen Bezahlmethoden zu setzen. Auch gibt die Technologie, was die Skalierbarkeit an Transaktionen und Geschwindigkeit angeht, nicht mehr her, wodurch auch keine enorm großen Transaktionsvolumina möglich sind. All diese Faktoren sind jedoch erforderlich, um sich als weltweites Zahlungsmittel durchzusetzen zu können, aber nicht weitreichend gegeben sind, weshalb die Nutzung des Bitcoins als etabliertes Zahlungsmittel noch in weiter Ferne steht. Darüber hinaus spielt auch der Aspekt der Sicherheit und die damit verbundenen Risiken eine bedeutsame Rolle. So steht der Bitcoin nicht nur einem Spekulations-, Verlust und Deflationsrisiko gegenüber, sondern belastet aufgrund des enormen Stromverbrauchs, die Umwelt enorm, weshalb der Bitcoin auch ökologisch eine Gefahr für die Zukunft darstellen könnte.

Auf der anderen Seite hat der Bitcoin jedoch auch positive Aspekte vorzuweisen. Zum einen ist der Bitcoin in jeder Hinsicht kontinuierlich am Wachsen. Er könnte dadurch einer der ausschlaggebenden Gründe werden, weshalb die Wirtschaft neue Maßstäbe annimmt. Denn im Zeitalter der Digitalisierung und des Fortschritts sind neue Technologien und Entwicklungen unerlässlich für den zukünftigen und wirtschaftlichen Erfolg eines Staates. Werden die oben genannten Kritikpunkte behoben, hat der Bitcoin auf jeden Fall die Chance, sich als alternatives Zahlungsmittel neben den konventionellen Zahlungsmethoden durchzusetzen. Da er nicht nur Geldtransfers weltweit schneller und günstiger ermöglicht oder risikobereite Spekulanten bereichert, sondern auch Milliarden Menschen auf der Welt, die bis dato über kein eigenes Bankkonto verfügen, die Möglichkeit gibt, sich an der Weltwirtschaft zu beteiligen. Darüber hinaus ergeben sich mit der Blockchain-Technologie auch noch weitere Möglichkeiten, vor allem für Unternehmen und Banken wie z.B. durch die gegebene Fälschungssicherheit oder Smart Contracts, welche in dieser Arbeit jedoch nicht weiter und umfangreicher konkretisiert wurden. Zweifelsfrei wird die Technologie, die mit der Blockchain und der damit verbundenen Kryptowährungen umhergehen, weiterhin eine aussichtsreiche Thematik darstellen und die Menschen begleiten. Auch weil man in der Entwicklungsgeschichte noch am Anfang steht, weshalb mit Blick auf die Zukunft definitiv noch mit weiteren Innovationen und Entwicklungen, vor allem im Bereich der Blockchain zu rechnen ist.

Alles in allem kann jedoch im Hinblick auf die Themenfrage gesagt werden, dass der Bitcoin zwar dem Geldbegriff im konventionellen Sinne nicht entspricht, aber dennoch Zahlungstransfers in der Realität möglich sind. Die Frage, ob Kryptowährungen somit das Zahlungsmittel der Zukunft werden können, kann jedoch niemand mit absoluter Sicherheit sagen. Allerdings ist anhand der vorliegenden Ausarbeitung deutlich zu erkennen, dass der Bitcoin aktuell als Zahlungsmittel noch zu unvollständig ist, um sich gegen die etablierten Zahlungsmittel durchzusetzen. Folglich hängt der zukünftige Erfolg des Bitcoins auch stark davon ab, das Vertrauen der noch kritischen und zurückhaltenden Menschenmasse zugewinnen, die Anzahl an Akzeptanzstellen zu erhöhen, eine Regulierung voranzutreiben, sowie die Technologie weiterzuentwickeln. Das Potential sich dann dadurch als alternatives Zahlungsmittel durchzusetzen hat der Bitcoin jedoch ohne Frage.

6. Literaturverzeichnis

Literatur

Adelmann V.A., Graf Quirin / Sheeler, Derek (2021): Quick Guide Bitcoin: Wie sie sich auf die finanzielle Transformation vorbereiten. 1. Aufl. Springer Gabler.

Anderegg, Ralph (2007): Grundzüge der Geldtheorie und Geldpolitik. de Gruyter Oldenbourg. doi: 10.1524/9783486841923.

Basseler, Ulrich/ Heinrich, Jürgen/ Utecht, Burkhard (2002): Grundlagen und Probleme der Volkswirtschaft. 17. Aufl. Stuttgart: Schäffer-Poeschel.

Bauer, Hans (2021): Unbarer Zahlungsverkehr und die Rolle des Zentralbankgeldes: Eine bilanztechnische Betrachtung. 1. Aufl. Springer Gabler.

Berentsen, Aleksander / Schär, Fabian (2017): Bitcoin, Blockchain und Kryptoassets: Eine umfassende Einführung. 1. Aufl. Books on Demand.

Bontrup, Heinz-J. (2004): Volkswirtschaftslehre: Grundlagen der Mikro- und Makroökonomie. 2. Aufl. Walter de Gruyter.

Deutsche Bundesbank (Hrsg.) (2019): Geld und Geldpolitik. Frankfurt am Main: Deutsche Bundesbank. Abrufbar unter: https://www.bundesbank.de/resource/blob/606038/91fa92590b1949da4211b0488dbb861c/mL/gel d-und-geldpolitik-data.pdf

Esenwein-Rothe, Ingeborg / Jürgensen, Harald/ Rose Klaus (1987): Kompendium der Volkswirtschaftslehre, in 2 Bdn., Bd.1: Band 1, 5., Brill Deutschland GmbH.

Europäische Union (Hrsg.) (2009): Richtlinie 2009/110/EG des Europäischen Parlaments und des Rates vom 16. September 2009 über die Aufnahme, Ausübung und Beaufsichtigung der Tätigkeit von E-Geld-Instituten, zur Änderung der Richtlinien 2005/60/EG und 2006/48/EG sowie zur Aufhebung der Richtlinie 2000/46/EG (ABl L.267). Abrufbar unter: https://eur-lex.europa.eu/LexUriServ/LexUriServ.do?uri=OJ:L:2009:267:0007:0017:de:PDF

Fuhrmann, Wildfried (1994): Geld und Kredit: Prinzipien monetärer Makroökonomie. 2. Aufl. Walter de Gruyter.

Gerdesmeier, Dieter (2006): Geldtheorie und Geldpolitik: Eine praxisorientierte Einführung. 2. Aufl. Frankfurt: Frankfurt School Verlag.

Hanl, Andreas / Michaelis, Jochen (2017): „Kryptowährungen — ein Problem für die Geldpolitik?", Wirtschaftsdienst (Hamburg, Germany: 1949), 97(5), S. 363–370. doi: 10.1007/s10273-017-2145-y.

Hartmann, Monika (2004): Elektronisches Geld Und Geldpolitik: Eine Analyse der Wechselwirkungen. 2004. neuste Aufl. Karlsruhe: Universitätsverlag Karlsruhe.

Hellwig, Daniel / Karlic, Goran / Huchzermeier, Arnd (2021): Entwickeln Sie Ihre eigene Blockchain: Ein praktischer Leitfaden zur Distributed-Ledger-Technologie. 1. Aufl. Berlin: Springer.

Herger, Nils (2015): Wie funktionieren Zentralbanken? Geld- und Währungspolitik verstehen. 1. Aufl. Wiesbaden: Springer Fachmedien.

Hicks, John (1967): Critical essays in monetary theory. London, England: Oxford University Press.

Holtemöller, Oliver (2008): Geldtheorie und Geldpolitik (Neue ökonomische Grundrisse). 1.Edition. JCB Mohr (Paul Siebeck).

Hosp, Julian (2018): Kryptowährungen: Bitcoin, Ethereum, Blockchain, ICOs & Co. einfach erklärt. München: FinanzBuch Verlag.

Issing, Ottmar (2014): Einführung in die Geldtheorie. 15. Aufl. München: Vahlen, Franz.

Kancs, d'Artis/ Ciaian, P./ Rajcaniova, M. (2015): The Digital Agenda of Virtual Currencies: Can BitCoin Become a Global Currency? in: Europäische Kommission JRC (Hrsg.), doi: 10.1007/s1025701603040 Abrufbar unter: https://link.springer.com/content/pdf/10.1007/s10257-016-0304-0.pdf.

Kenning, Peter / Oehler, Andreas / Reisch, Lucia (Hrsg.) (2021): Verbraucherwissenschaften: Rahmenbedingungen, Forschungsfelder und Institutionen. 2. Aufl. Springer Gabler.

Mayer, Thomas et al. (2019): Parallelwährungen jenseits der Finanzaufsicht: Haben Bitcoin und Libra eine Zukunft? ifo Schnelldienst, ISSN 0018-974X, ifo Institut – Leibniz-Institut für Wirtschaftsforschung an der Universität München, München, Vol. 72, Iss. 17, pp. 3-26

Nakomoto, Satoshi (2008): Bitcoin: A Peer-to-Peer Electronic Cash System, (=Whitepaper). Abrufbar unter: https://bitcoin.org/bitcoin.pdf.

Pesch, Paulina J. (2017): Cryptocoin-Schulden: Haftung und Risikoverteilung bei der Verschaffung von Bitcoins und Alt-Coins. 1. Aufl. München: C.H. Beck.

Peto, Rudolf (2002): Geldtheorie und Geldpolitik. 2. Aufl. München: R. Oldenbourg Verlag.

Pielke, Walther (2018): Besteuerung von Kryptowährungen: Ein Überblick über die verschiedenen Steuerarten. 1. Aufl. Wiesbaden: Springer Fachmedien.

Reifner, Udo (2017): Die Finanzkrise: Für ein Wucher- und Glücksspielverbot. 1. Aufl. Springer VS.

Rickes, Reinhold (2018): Geld verändert die Welt. Vierteljahreshefte zur Wirtschaftsforschung, Bd. 87. Heft 3: S. 65–81. doi: 10.3790/vjh.87.3.65.

Rosenberger, Patrick (2018): Bitcoin und Blockchain: Vom Scheitern einer Ideologie und dem Erfolg einer revolutionären Technik. 1. Aufl. Wiesbaden: Springer.

Rothengatter, Wener / Schaffer, Axel (2008): Makro kompakt: Grundzüge der Makroökonomik. 2. Aufl. Heidelberg: Physica.

Sander, Phillip (2017): Bitcoins für Anfänger: Alles was sie zum Thema Bitcoin wissen müssen. Eine Einführung in die Welt der Kryptowährung. North Charleston, SC, USA: Createspace Independent Publishing Platform.

Sixt, Elfriede (2017): Bitcoins und andere dezentrale Transaktionssysteme: Blockchains als Basis einer Kryptoökonomie. 1. Aufl. Wiesbaden: Springer Gabler.

Thiele, Carl-Ludwig et al. (2017): Kryptowährung Bitcoin: Währungswettbewerb oder Spekulationsobjekt: Welche Konsequenzen sind für das aktuelle Geldsystem zu erwarten? ifo Schnelldienst, ISSN 0018-974X, ifo Institut - Leibniz-Institut für Wirtschaftsforschung an der Universität München, München, Vol. 70, Iss. 22, pp. 3-20

Tolkmitt, Volker / Wittrin, Ruben (2021): Virtuelle Währungen und das Finanzsystem. 1. Aufl. Springer Gabler.

Voshmgir, Shermin (2020): Token Economy: Wie das Web3 das Internet revolutioniert (German Edition, Hardcover)- Wie das Web3 das Internet revolutioniert (German Edition). 1.Edt. Token Kitchen.

Weber, Beat (2013): Ordoliberale Geldreform als Antwort auf die Krise? Bitcoin und Vollgeld im Vergleich. Vierteljahreshefte zur Wirtschaftsforschung, 82(4), 73–88. Abrufbar unter: https://doi.org/10.3790/vjh.82.4.73

Wildmann, Lothar (2015): Makroökonomie, Geld und Währung: Module der Volkswirtschaftslehre Band II. 3. überarbeitete Aufl. Walter de Gruyter. doi: 10.1515/9783110452693.

Yermack, David (2013): Is Bitcoin a Real Currency? An Economic Appraisal, in: Lee, D. K. C. (Hrsg.): Handbook of Digital Currency: Bitcoin, Innovation, Financial Instruments, and Big Data, Amsterdam. Abrufbar unter: https://www.nber.org/papers/w19747

Internetquellen

Bitkom (2018): Aus welchen Gründen können Sie sich nicht vorstellen, selbst Bitcoin zu erwerben oder zu benutzen? Statista. Statista GmbH. URL: https://de.statista.com/statistik/daten/studie/807363/umfrage/ablehnungsgruende-fuer-bitcoin-in-deutschland/ (Zugegriffen am 26.02.2022).

Blockchain.com (o.J.): Confirmed Transactions per Day. Blockchain.com. URL: https://www.blockchain.com/de/charts/n-transactions (Zugegriffen am: 04.03.2022).

Blockchain (2022): Gesamtzahl aller Bitcoin-Transaktionen weltweit von Februar 2017 bis Januar 2022 (in Millionen). Statista. Statista GmbH. URL: https://de.statista.com/statistik/daten/studie/315084/umfrage/gesamtzahl-aller-bitcoin-transaktionen-weltweit/ (Zugegriffen am: 25.02.2022).

Bocksch, Rene (2022): So verbreitet ist sind Kryptowährungen. Statista. Statista GmbH. URL: https://de.statista.com/infografik/22561/anteil-der-krypto-nutzer-in-ausgewaehlten-laendern/ (Zugegriffen am: 25.02.2022).

Brien, Jörn (2021): 90 Prozent aller Bitcoins sind geschürft – „nur" noch 120 Jahre Zeit zum Minen (vom 14.12.2021). T3n. URL: https://t3n.de/news/bitcoins-geschuerft-zeit-minen-1437390/ (Zugegriffen: 03.03.2022).

Buy Bitcoin Worldwide (2022): How many people own, hold & use bitcoins? Buybitcoinworldwide.com. URL: https://www.buybitcoinworldwide.com/how-many-bitcoin-users/ (Zugegriffen am: 03.03.2022).

CashOnline (2021): Bitcoin-Volatilität viermal höher als Gold. (vom 20.01.2021). Finanznachrichten auf Cash.Online. URL: https://www.cash-online.de/edelmetalle/2021/bitcoin-volatilitaet-viermal-hoeher-als-gold/556900 (Zugegriffen am 04.03.2022).

Civey. (2017): Könnten Sie sich vorstellen, in Kryptowährungen (z.B. „BitCoin") zu bezahlen? Statista. Statista GmbH. URL: https://de.statista.com/statistik/daten/studie/742385/umfrage/umfrage-in-deutschland-zur-zahlungsbereitschaft-mit-kryptowaehrungen-bitcoin/ (Zugegriffen am: 25.02.2022).

Coinmap (2022): Crypto ATMs & merchants of the world (Stand: 02.03.2022) Coinmap.org. URL: https://coinmap.org/view/#/map/50.81981826/10.13076782/9 (Zugegriffen am: 02.03.2022).

DCI Institute (2018): Welche Zahlungsmethoden haben Sie bereits genutzt? Statista. Statista GmbH. URL: https://de.statista.com/statistik/daten/studie/514832/umfrage/genutzte-zahlungsmethoden-fuer-digitale-inhalte-und-services-in-deutschland/ (Zugegriffen am: 25.02.2022).

Deutsche Wirtschaftsnachrichten (2019): Fast alle Bitcoin-Transaktionen kommen von Spekulanten (vom 01.06.2019). BF Blogform Social Media GmbH. URL: https://deutsche-wirtschafts-nachrichten.de/2019/06/01/bitcoin-transaktionen-spekulanten (Zugegriffen: 11.03.2022).

Eglau, Victoria / Pfister Sandra (2021): Bitcoin als Staatswährung - El Salvadors gewagte Pläne mit dem Kryptogeld (vom 06.12.2021). Deutschlandfunk. URL: https://www.deutschlandfunk.de/bitcoin-als-staatswaehrung-in-el-salvador-100.html (Zugegriffen am: 22.02.2022).

ExpertenReport (2021): Euro verliert ein Vierteil seiner Kaufkraft. Experten Report (vom 20.05.2021). URL: https://www.experten.de/2021/05/euro-verliert-ein-viertel-seiner-kaufkraft/ (Zugegriffen am: 04.03.2022).

finanzen.net (2022): Entwicklung des Bitcoin-Kurses von Januar 2017 bis März 2022 (in Euro). Statista. Statista GmbH. URL: https://de.statista.com/statistik/daten/studie/781906/umfrage/kursentwicklung-des-bitcoin-gegenueber-dem-euro/ (Zugegriffen am: 02.03.2022).

Handelsblatt (2020): Visa oder Mastercard? Unterschiede im Detail (vom 13.08.2020). Handelsblatt.com. URL: https://www.handelsblatt.com/vergleich/visa-oder-mastercard/ (Zugegriffen am: 11.03.2022)

Naujok, Hartmut (2021): Wertverluste Euro/US-Dollar – Ernüchternde EZB Bilanz – fast 80% Werteverlust seit Einführung des Euro. Hartmut-naujok.de (=Finanzblog). URL: https://www.hartmut-naujok.de/wertverlust-euro-dollar.html (Zugegriffen am 04.03.2022)

Small Business Trends (2021): Who accepts Bitcoin as payment? (vom 28.12.2021). Small Business Trends.com URL: https://smallbiztrends.com/2021/12/who-accepts-bitcoin.html (Zugegriffen am: 03.03.2022).

WirtschaftsWoche (2022): Die 10 größten Kryptowährungen nach Marktkapitalisierung (vom 16.02.2022). WirtschaftsWoche. URL: https://www.wiwo.de/finanzen/boerse/bitcoin-ethereum-avalanche-und-co-die-zehn-groessten-kryptowaehrungen-nach-marktkapitalisierung-2022/27456842.html (Zugegriffen am: 16.02.2022).